Arsène Hounsou

Les Eaux Profondes de l'Âme

Arsène Hounsou

Les Eaux Profondes de l'Âme

Éditions Muse

Cover image: www.ingimage.com

Publisher:
Éditions Muse
is a trademark of
Dodo Books Indian Ocean Ltd. and OmniScriptum S.R.L publishing group

120 High Road, East Finchley, London, N2 9ED, United Kingdom
Str. Armeneasca 28/1, office 1, Chisinau MD-2012, Republic of Moldova, Europe
Printed at: see last page
ISBN: 978-620-4-96528-4

préface

Il y a quelque chose de magique dans la poésie qui transcende toutes les barrières de la langue et de la culture. C'est une forme d'art qui permet à l'auteur de transmettre des émotions profondes et de capturer l'essence même de l'expérience humaine.

Dans ce recueil de poèmes, Arsène HOUNSOU nous invite dans son monde intérieur, nous offrant une perspective unique sur les thèmes de la vie tels que l'amour, la liberté et la culture africaine. Sa poésie est profondément émouvante, captivant l'imagination du lecteur et le transportant dans un voyage émotionnel qui le marque longtemps après la lecture.

En tant que romancier, Arsène HOUNSOU a une perspective unique sur la création de personnages et de récits captivants. Cette vision s'applique également à sa poésie, où il est capable de créer des images vibrantes et des émotions intenses grâce à sa maîtrise de la langue française.

Dans ce recueil de poèmes, nous sommes témoins de l'évolution de la poésie d'Arsène HOUNSOU, de sa passion pour l'écriture et de son exploration des thèmes universels qui touchent tous les êtres humains. Nous sommes honorés de partager cette expérience avec lui et de découvrir ses poèmes qui sont à la fois profonds et édifiants.

Que ce recueil de poèmes inspire et nourrisse votre âme, comme il l'a fait pour nous.

La culture africaine

La culture africaine, c'est un univers fascinant,
Où se mêlent traditions ancestrales et modernité,
C'est un riche patrimoine, hérité de nos aïeux,
Qui a traversé les âges, pour nous inspirer encore.

La culture africaine, c'est la beauté de ses arts,
Sculptures, peintures, tissages et autres créations,
C'est la richesse de ses langues, de ses chants et de ses danses,
Qui expriment la diversité et la richesse de ses nations.

La culture africaine, c'est la sagesse de ses croyances,
La force de ses mythes, de ses rites et de ses symboles,
C'est la célébration de la vie, de la naissance à la mort,
Et le respect des valeurs familiales et communautaires.

La culture africaine, c'est la force de son peuple,
L'attachement profond à sa terre, à ses racines et à sa communauté,
C'est la générosité et l'hospitalité légendaires,
Qui font de l'Afrique un lieu de rencontres et de partages.

La culture africaine, c'est un trésor de l'humanité,
Qui mérite d'être connu, apprécié et respecté,
C'est une invitation à découvrir l'Afrique dans toute sa richesse,
Et à se laisser emporter par la magie de sa culture.

Tradition béninoise

La tradition béninoise, c'est un héritage millénaire,
Transmis de génération en génération, avec fierté,
C'est un patrimoine culturel riche et diversifié,
Qui fait la fierté de tout un peuple, à juste titre.

La tradition béninoise, c'est la force de ses croyances,
La vénération des ancêtres, la pratique du vaudou,
C'est un univers mystique et fascinant, où se mêlent rites et symboles,
Et où l'on trouve la sagesse et la guidance des anciens.

La tradition béninoise, c'est la richesse de ses coutumes,
La diversité de ses langues, de ses chants et de ses danses,
C'est la célébration de la vie, de la naissance à la mort,

Et le respect des valeurs familiales et communautaires.

La tradition béninoise, c'est l'hospitalité légendaire de son peuple,

L'accueil chaleureux des visiteurs, la solidarité envers les plus démunis,

C'est la convivialité et le partage des repas, des histoires et des rires,

Et l'attachement profond à la terre de ses ancêtres.

La tradition béninoise, c'est tout cela et bien plus encore,

Un héritage vivant et dynamique, qui s'enrichit chaque jour,

Un trésor de l'Afrique, qui doit être préservé et valorisé,

Et que le monde entier peut découvrir et apprécier, sans modération.

Le Bénin

Le Bénin, terre de couleurs et de traditions,
Berceau de la culture africaine et de la vaudou,
Pays des rois et des reines, des féticheurs et des sorciers,
Où les rites ancestraux se mêlent à la modernité de nos jours.

Le Bénin, c'est la richesse de ses paysages,
Du désert du Nord au littoral du Sud,
C'est la beauté de sa faune et de sa flore,
Avec ses parcs naturels et ses réserves.

Le Bénin, c'est aussi la chaleur de son peuple,
Accueillant, souriant, toujours prêt à partager,
C'est la diversité de ses ethnies et de ses langues,
Qui font la richesse de cette nation à nulle autre pareille.

Le Bénin, c'est l'histoire de la traite négrière,
Des royaumes et des empires qui ont marqué son passé,
C'est la fierté d'une nation qui se reconstruit,
Et qui regarde l'avenir avec optimisme et détermination.

Le Bénin, c'est tout cela et bien plus encore,
Un pays attachant et fascinant, qui mérite d'être découvert,
Un trésor de l'Afrique, qui ne demande qu'à être aimé,
Et que l'on peut porter dans son cœur, à jamais.

La considération

La considération, c'est cet égard que l'on porte à autrui,
Cette attention que l'on donne aux autres, même à l'inconnu,
C'est cette marque de respect qui nous relie,
Et qui nous rend plus humain, plus proche de l'autre aussi.

La considération, c'est cette reconnaissance de l'autre,
De ses qualités, de ses talents, de ses compétences,
C'est cette appréciation sincère qui le valorise,
Et qui le motive à donner le meilleur de lui-même en permanence.

La considération, c'est cette bienveillance,
Qui nous permet de voir au-delà des apparences,
C'est cette capacité à écouter, à comprendre,

Et à apporter notre aide sans jamais nous méprendre.

La considération, c'est cette empathie,
Qui nous rend capable de partager la peine des autres,
C'est cette solidarité qui nous unit dans les moments difficiles,
Et qui nous donne la force d'aller de l'avant, malgré les obstacles.

Alors, cultivons en nous cette vertu de l'esprit,
Cette attitude qui ne demande qu'à grandir,
Et sachons donner à autrui cette considération infinie,
Cette marque de respect qui relie les êtres entre eux, à l'infini.

La confiance

La confiance, c'est cette force intérieure,
Qui nous permet de croire en nous-mêmes,
C'est cette assurance qui nous guide,
Et nous aide à avancer sur le chemin de la vie.

La confiance, c'est cette certitude profonde,
Qui nous donne la capacité d'agir,
C'est cette conviction qui nous pousse à répondre,
Présent à chaque appel du devoir.

La confiance, c'est cette lumière qui brille,
Et qui éclaire notre chemin dans l'obscurité,
C'est cette flamme qui ne cesse jamais de grandir,
Et qui nous permet de faire face à toutes les difficultés.

La confiance, c'est cette ouverture du cœur,

Qui nous permet d'aimer et de nous lier aux autres,

C'est cette capacité à donner sans rien attendre en retour,

Et à offrir notre soutien sans jamais avoir peur.

Alors, cultivons en nous cette force de l'esprit,

Cette étincelle qui ne demande qu'à grandir,

Et sachons puiser dans notre confiance infinie,

La force nécessaire pour avancer sans jamais faiblir.

La foi

La foi, c'est cette lumière qui nous éclaire,
Qui nous guide sur les chemins de l'existence,
C'est cette flamme qui ne cesse de brûler,
Et qui nous donne la force d'affronter les épreuves de la vie.

La foi, c'est cette certitude intérieure,
Qui nous donne la force de croire en nous-mêmes,
C'est cette conviction profonde qui nous sécurise,
Et qui nous apporte la paix de l'âme.

La foi, c'est cette ouverture du cœur,
Qui nous relie à l'univers et aux autres,
C'est cette acceptation de l'inconnu,
Et cette capacité à vivre chaque instant avec sérénité.

La foi, c'est cette confiance en l'avenir,

Cette assurance que tout est possible,
C'est cette espérance qui nous fait grandir,
Et nous permet de donner un sens à notre vie.

Alors, cultivons en nous cette force de l'esprit,
Cette étincelle qui ne demande qu'à grandir,
Et sachons puiser dans notre foi infinie,
La confiance nécessaire pour réussir.

Le courage

Le courage, c'est cette force intérieure,
Qui nous permet de surmonter nos peurs,
C'est cette bravoure qui nous anime,
Et nous pousse à affronter les défis de la vie.

Le courage, c'est cette flamme qui nous guide,
Qui nous donne la détermination nécessaire,
Pour relever les défis les plus arides,
Et nous aider à avancer sans jamais se détourner.

Le courage, c'est cette foi en soi,
Qui nous permet de réaliser l'impossible,
C'est cette audace qui nous ouvre les portes,
Vers des horizons toujours plus accessibles.

Le courage, c'est cette conviction profonde,
Que rien n'est impossible pour celui qui croit,
C'est cette certitude que la vie est féconde,
Et qu'elle récompense les âmes qui

s'envolent vers la foi.

Alors, cultivons en nous cette force de l'esprit,
Qui nous permet de vivre pleinement notre vie,
Et sachons puiser dans notre courage infini,
Pour accomplir nos rêves, nos projets et nos envies.

La peur

La peur, c'est cette ombre qui nous suit,
Qui nous effraie et nous rend vulnérables,
C'est cette menace qui nous paralyse,
Et nous enferme dans une bulle infranchissable.

La peur, c'est cette voix qui nous répète,
Que tout est dangereux et incertain,
C'est cette crainte qui nous empêche,
De vivre pleinement notre destin.

Mais la peur peut aussi être un allié,
Un signal d'alarme qui nous protège,
Une alerte qui nous incite à réfléchir,
Et à agir pour préserver notre bien-être.

La peur, c'est cette épreuve qui nous transforme,
Qui nous pousse à nous dépasser,
C'est cette leçon qui nous apprend à oser,
Et à croire en nous pour avancer.

Alors, acceptons la peur comme une

compagne,
Qui nous accompagne sur le chemin de la vie,
Et prenons le risque d'aller plus loin,
Pour atteindre nos rêves et nos envies.

La famille

La famille, c'est un lien de sang et de cœur,
Un ensemble d'individus unis pour toujours,
Une histoire commune, des souvenirs, des valeurs,
Et des racines qui nous ancrent dans l'amour.

La famille, c'est un refuge, un abri sûr,
Un endroit où l'on peut se reposer,
Des bras qui nous enlacent dans les moments durs,
Et des sourires qui nous encouragent à avancer.

La famille, c'est une école de la vie,
Un lieu où l'on apprend à aimer et à donner,
À s'entraider et à surmonter les épreuves,
Et à grandir ensemble dans la fraternité.

La famille, c'est une force, une énergie vitale,
Un soutien qui nous accompagne à chaque

instant,
Une présence qui nous rassure et nous émerveille,
Et une source de bonheur et d'épanouissement.

Alors, honorons nos familles avec gratitude,
Soyons présents et à l'écoute de nos proches,
Et cultivons en nous cette harmonie véritable,
Qui fait de notre foyer un havre de paix et d'amour.

L'amitié

L'amitié, c'est un lien indéfectible,
Une relation qui transcende le temps,
Un échange de rires et de confidences,
Et une présence qui apaise nos tourments.

L'amitié, c'est une alliance de cœurs,
Une complicité qui se nourrit d'échanges,
Un partage de joies et de douleurs,
Et une entraide qui nous soutient dans les passages.

L'amitié, c'est une flamme qui brille en nous,
Un rayon de soleil qui éclaire notre route,
Une source de réconfort et de réjouissance,
Et un trésor qui nous accompagne sur la route.

L'amitié, c'est une richesse inestimable,
Un don précieux qui embellit notre vie,
Un cadeau du ciel qui nous rend meilleurs,
Et une bénédiction qui dure pour l'infini.

Alors, chérissons nos amitiés sincères,
Soyons fidèles et présents pour ceux qui nous entourent,
Et cultivons en nous cet amour véritable,
Qui nous relie à l'autre pour toujours.

La musique

La musique, c'est une symphonie de sons,
Une partition où les notes se succèdent,
Un langage universel qui touche les cœurs,
Et éveille en nous des émotions intenses.

La musique, c'est un voyage à travers les époques,
Un pont entre les cultures et les civilisations,
Un reflet de nos histoires et de nos identités,
Et un miroir de nos rêves et de nos passions.

La musique, c'est une danse de l'âme,
Un flux qui nous transporte et nous transcende,
Un remède à nos peines et à nos malheurs,
Et une source d'inspiration inépuisable.

La musique, c'est une rencontre entre les êtres,
Un moment de partage et de communion,
Une façon de briser les barrières et les

frontières,
Et de célébrer la diversité de l'humanité.

Alors, écoutons la musique avec attention,
Laissons-nous porter par sa magie et son rythme,
Et cultivons en nous cette passion éternelle,
Qui nous relie à l'essence même de la vie.

Les saisons en Afrique

Le printemps en Afrique s'annonce discret,
Dans les savanes verdoyantes de l'Afrique de l'Ouest,
Les arbres de karité et les manguiers fleurissent,
Et les oiseaux gazouillent leurs mélodies suaves.

L'été en Afrique, c'est le temps de la chaleur,
Des journées qui s'étendent sous un soleil brûlant,
Le ciel est sans nuage et les rivières s'assèchent,
La terre craque sous les pas des hommes et des bêtes.

L'automne en Afrique, c'est le temps des pluies,
Des précipitations qui tombent comme un cadeau,
Les champs se parent d'un vert émeraude étincelant,

Et les fleuves gonflent de vie et de force.

L'hiver en Afrique, c'est le temps de la fraîcheur,
Les températures baissent et les nuits s'allongent,
La savane se teinte de tons ocres et jaunes,
Et les animaux s'adaptent aux contraintes saisonnières.

Les saisons en Afrique sont riches de contrastes,
De nuances et de parfums uniques,
Chacune offrant une beauté singulière,
Et révélant la richesse d'un continent authentique.

Alors, écoutons le rythme de la nature africaine,
Et laissons-nous bercer par la poésie des saisons,
Pour mieux apprécier la magie de ce monde si diversifié,
Et célébrer la vie qui palpite en toute saison.

les rêves

Les rêves sont des fenêtres ouvertes,
Sur des mondes imaginaires,
Où tout est possible et réalisable,
Et où l'on peut devenir qui l'on veut être.

Les rêves sont des sources d'inspiration,
Des portes qui mènent vers l'infini,
Des échappatoires aux contraintes de la vie,
Et des promesses de liberté et de passion.

Les rêves sont des étoiles qui brillent,
Dans le ciel de notre imagination,
Des oasis de bonheur et de sérénité,
Dans le désert de nos réalités.

Les rêves sont des invitations au voyage,
Des billets pour des aventures fabuleuses,
Des clés pour ouvrir des portes mystérieuses,
Et des instruments pour jouer avec l'espace

et le temps.

Les rêves sont des graines de créativité,
Des germes de talents et de potentialités,
Des sources de motivation et de persévérance,
Et des éclairs de génie et de résilience.

Alors, cultivons nos rêves,
Nourrissons-les de notre passion,
Et laissons-les nous guider vers l'avenir,
Avec confiance, audace et détermination.

L'émerveillement

L'émerveillement est une merveille,
Une sensation de pur enchantement,
Qui nous emplit le cœur de joie,
Et nous fait oublier tous les tourments.

C'est un élan de surprise et d'étonnement,
Qui nous saisit et nous transporte,
Dans un univers d'émotions intenses,
Où l'on se sent vivre pleinement, sans remords.

L'émerveillement est une invitation,
À découvrir le monde avec des yeux nouveaux,
À se laisser surprendre et envoûter,
Par la beauté du monde qui nous entoure.

C'est un instant de grâce et de contemplation,
Où l'on se sent connecté à l'univers,
Et où l'on prend conscience de notre place,
Dans ce monde si mystérieux et si divers.

L'émerveillement est un cadeau,
Que l'on peut offrir ou recevoir,
Un moment de magie et d'émerveillement,
Qui nous éblouit et nous laisse sans voix.

Alors, laissons-nous émerveiller,
Par la beauté de chaque instant de vie,
Et gardons en nous cet élan de félicité,
Qui nous invite à rêver et à croire en l'infini.

Les voyages

Les voyages sont des aventures,
Qui nous font découvrir le monde,
Ils nous emmènent vers de nouveaux horizons,
Où l'on peut voir des choses extraordinaires.

Les voyages nous font sortir de notre routine,
Et nous plongent dans l'inconnu,
Ils nous poussent à explorer de nouveaux chemins,
Et nous font vivre des moments inoubliables.

Les voyages sont des découvertes,
Des rencontres avec d'autres cultures,
Ils nous font découvrir des modes de vie différents,
Et nous ouvrent l'esprit à la diversité.

Les voyages nous font grandir,
Ils nous font sortir de notre zone de confort,

Et nous apprennent à nous adapter,
Aux aléas de la vie avec force.

Les voyages nous font rêver,
Ils nous donnent des ailes pour voler,
Et nous invitent à vivre pleinement,
Chaque instant de notre vie de voyageur.

Alors, partons explorer le monde,
Et laissons-nous emporter par l'aventure,
Car les voyages sont des expériences profondes,
Qui enrichissent notre vie avec sagesse et maturité.

L'enfance

L'enfance est un monde à part entière,
Où tout est neuf et innocent,
Où les sourires sont sincères,
Et les regards sont bienveillants.

C'est un univers rempli de tendresse,
Où l'on découvre le monde en jouant,
Où chaque moment est une caresse,
Et chaque obstacle est un défi étonnant.

L'enfance est un temps de pureté,
Où les émotions sont vraies et sincères,
Où l'on apprend l'essentiel de la vie,
Et où l'on bâtit notre personnalité fière.

C'est un temps de folies et de rires,
Où l'imagination n'a pas de limites,
Où les rêves les plus fous inspirent,
Et où tout paraît possible, sans critique.

L'enfance est un trésor précieux,
Un moment qu'il faut savourer,
Car il est éphémère et gracieux,
Mais il peut toujours nous inspirer.

Alors, gardons en nous cet enfant,
Qui sommeille en nous et qui sourit,
Et laissons-le nous guider gaiement,
Vers l'avenir, sans crainte ni souci.

La liberté

La liberté est un vent qui souffle,
Qui emporte nos peurs et nos doutes,
Elle nous rend légers comme des plumes,
Et nous ouvre les portes de la brume.

Elle nous donne des ailes pour voler,
Et nous permet de tracer notre destinée,
Elle est un souffle de vie qui nous anime,
Et nous pousse à réaliser nos plus grands rêves.

La liberté est une fleur qui s'épanouit,
Elle colore notre vie de toutes les teintes,
Elle nous montre qu'il y a mille chemins,
Et que nous pouvons choisir notre destin.

Elle est une force qui nous libère,
Et qui nous rend plus forts et plus légers,
Elle nous invite à explorer l'univers,
Et à découvrir l'infini et le secret.

La liberté est une voix qui nous appelle,
Elle nous invite à sortir de notre coquille,
Elle nous incite à aller de l'avant,
Et à prendre notre place dans le monde grand.

Alors, laissons la liberté nous guider,
Et laissons-nous porter par ses ailes,
Car elle est la clé pour nous épanouir,
Et pour donner un sens à notre vie nouvelle.

L'espoir

L'espoir est comme une flamme vacillante,
Qui brille dans l'obscurité de nos vies,
Elle nous guide et nous encourage,
À continuer malgré les soucis.

C'est une lueur qui scintille au loin,
Et qui nous pousse à aller de l'avant,
Elle nous montre qu'il y a un chemin,
Même dans les moments les plus troublants.

L'espoir est comme un rayon de soleil,
Qui réchauffe notre cœur et notre âme,
Il illumine notre chemin vermeil,
Et dissipe nos peurs et nos drames.

C'est une force qui nous anime,
Et qui nous donne la volonté d'agir,
De surmonter les obstacles et les limites,
Et de réaliser nos plus grands désirs.

L'espoir est une graine qui germe,
Et qui grandit avec le temps,
Elle nous nourrit et nous transforme,
Et nous permet d'atteindre des sommets éclatants.

Alors, gardons cette flamme allumée,
Et cultivons cet espoir au fond de nous,
Car il est la clé pour avancer,
Vers un avenir plus beau et plus doux.

La tristesse

La tristesse est une ombre qui m'envahit,
Qui obscurcit mon cœur et mon esprit,
Elle me serre la gorge et me noue les entrailles,
Et je me sens seul, perdu, sans faille.

Elle est comme une pluie froide qui tombe,
Sur mon âme fatiguée et endolorie,
Elle efface mes sourires et mes espoirs,
Et me laisse seul face à mes cauchemars.

La tristesse est un fardeau difficile à porter,
Elle me pèse et me rend vulnérable,
Elle me rappelle mes échecs et mes erreurs,
Et me plonge dans un abîme de douleur.

Pourtant, dans cette tristesse, il y a une lumière,
Une petite flamme qui ne veut pas s'éteindre,
C'est la promesse d'un nouveau jour qui se lève,

Et la force de continuer malgré tout, malgré mes peines.

La tristesse est un voyage difficile,
Un chemin sinueux et tortueux,
Mais je sais qu'au bout de cette épreuve,
Je retrouverai le bonheur et la joie.

La jeunesse

La jeunesse est un temps béni,
Où tout semble possible et infini,
Où les rêves sont grands et les espoirs nombreux,
Et où la vie semble un cadeau merveilleux.

C'est le temps de l'insouciance et de la liberté,
Où l'on croit que rien ne peut nous arrêter,
Où l'on se sent invincible et immortel,
Et où l'on veut conquérir le monde entier.

La jeunesse est un moment de découvertes,
Où l'on apprend à aimer, à rire, à pleurer,
Où l'on se cherche, où l'on se construit,
Et où l'on trace son chemin vers l'avenir.

C'est le temps des premiers amours et des premiers chagrins,
Des amitiés fortes et des liens sans fin,
Où l'on se découvre et l'on se révèle,

Et où l'on apprend à vivre avec passion et ferveur.

La jeunesse est un trésor précieux,
Qu'il faut préserver et chérir avec soin,
Car c'est dans ces moments d'insouciance et de jeux,
Que l'on crée des souvenirs qui durent toute la vie.

Les souvenirs

Les souvenirs sont des perles précieuses,
Que l'on garde au creux de notre cœur,
Des moments passés, des émotions heureuses,
Des instants éphémères, mais qui demeurent.

Ils sont comme des échos du passé,
Qui résonnent encore dans notre âme,
Des images, des parfums, des sensations, gravés,
Dans notre mémoire, comme une flamme.

Les souvenirs sont comme des oasis,
Dans le désert de nos vies mouvementées,
Ils nous apaisent, nous guident, nous rassurent,
Et nous rappellent la beauté de l'existence.

Ils sont la preuve de notre vécu,
De nos expériences, de nos choix,
Ils nous rappellent qui nous sommes,
Et nous aident à avancer vers l'avenir.

Les souvenirs sont des cadeaux précieux,
Qu'il faut chérir et protéger,
Car ils sont le reflet de notre vie,
Et de tout ce que nous avons aimé.

La solitude

Je suis seul dans le silence de ma chambre,
Sans personne pour me tenir compagnie,
Le temps s'étire et les heures s'emberlificotent,
Dans un labyrinthe de pensées et d'ennui.

La solitude est mon amie la plus fidèle,
Elle me suit partout où je vais,
Elle m'entoure de son voile froid et cruel,
Et m'invite à méditer sur mes choix et mes regrets.

Je suis seul, mais je ne suis pas seul,
Car mes pensées sont mes compagnons,
Je voyage dans les profondeurs de mon âme,
Et je trouve la paix dans cette solitude sans fin.

La solitude est une épreuve et une bénédiction,
Elle m'oblige à affronter mes peurs et mes doutes,

Elle me pousse à réfléchir sur mes aspirations,
Et me montre le chemin de la vérité et de la découverte.

Je suis seul, mais je suis libre,
De choisir mon destin et mes rêves,
La solitude est mon alliée,
Et je suis prêt à la suivre où elle me mènera.

L'art africain

L'art africain contemporain,
D'une beauté sans pareil,
Emplit nos âmes d'un élan,
D'un éclat digne du soleil.

Les artistes du continent,
Réinterprètent avec brio,
Les traditions de leur temps,
Avec un talent sans émoi.

Les matériaux qu'ils choisissent,
Sont le reflet de leur vision,
Un mélange subtil de techniques,
Qui inspire notre admiration.

Les formes organiques, les couleurs vives,
Sont les caractéristiques,
De cette créativité vive,
Qui s'exprime sans critique.

Avec leur plume, leur pinceau,
Leurs sculptures en marbre ou en bois,

Ils expriment leur état d'âme,
Leur vision du monde, leur choix.

L'art africain contemporain,
Est un héritage précieux,
Qui nous révèle, sans dédain,
La richesse de leur patrimoine silencieux.

Que vive cet art sans frontière,
Qui nous transporte dans un autre univers,
Et qui nous rappelle avec clairvoyance,
Que l'art est un langage universel, sans préférence.

l'amour

Dans mes yeux, tu es la lumière,
Le doux parfum de ma vie entière,
Tu es l'amour qui me fait vibrer,
Le bonheur qui me fait rêver.

Je me noie dans ton regard,
Et je me perds dans ton étreinte,
Tu es ma force et mon espoir,
Et tu éclaires mon existence.

Ton sourire est mon soleil,
Et ta voix est ma mélodie,
Je suis fou de toi, mon amour éternel,
Et je veux passer ma vie à tes côtés.

Avec toi, je vois un avenir radieux,
Où notre amour brille de mille feux,
Et où rien ne peut jamais nous séparer,
Car notre amour est pur et véritable.

Dans tes bras, je suis en sécurité,
Et je me sens libre d'être moi-même,
Tu es mon amour, ma moitié,
Et je t'aimerai pour l'éternité.

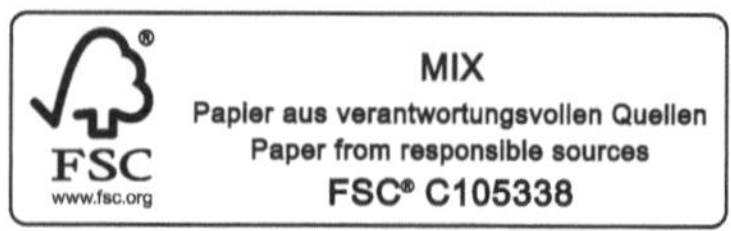

Printed by Books on Demand GmbH, Norderstedt / Germany